Edson Oliveira

Não há pergunta sem resposta - Não há problema sem solução

Edson Oliveira

Não há pergunta sem resposta - Não há problema sem solução

Um guia prático para responder a questões do dia a dia pessoal, profissional e espiritual

CREDO EDICIONES

Imprint
Any brand names and product names mentioned in this book are subject to trademark, brand or patent protection and are trademarks or registered trademarks of their respective holders. The use of brand names, product names, common names, trade names, product descriptions etc. even without a particular marking in this work is in no way to be construed to mean that such names may be regarded as unrestricted in respect of trademark and brand protection legislation and could thus be used by anyone.

Cover image: www.ingimage.com

Publisher:
CREDO EDICIONES
ist ein Imprint der / is a trademark of
International Book Market Service Ltd., member of OmniScriptum Publishing Group
17 Meldrum Street, Beau Bassin 71504, Mauritius

Printed at: see last page
ISBN: 978-613-2-71325-4

Ao Monsenhor Jonas Abib.
Com ele aprendi que preciso da Bíblia no meu dia a dia norteando
minha vida espiritual, familiar e profissional.

Sugestão

Diante de suas perguntas e buscas por soluções, sugiro que antes de ler cada texto, faça a oração que São Bernardo nos deixou de presente. E que a virgem Maria, nossa mãe possa interceder para que obtenhamos de Deus a solução para nossos dramas pessoais, familiares e profissionais.

Lembrai-Vos, Oh! puríssima Virgem Maria, que nunca se ouviu dizer que algum daqueles que têm recorrido à Vossa proteção, implorado a vossa assistência e reclamado o vosso socorro, fosse por vós desamparado.

Animado eu, pois, com igual confiança, a Vós, Virgem entre todas singular, como a Mãe recorro, de Vós me valho e gemendo sob o peso de meus pecados me prostro a vossos pés.

Não desprezeis as minhas súplicas, ó Mãe do Filho de Deus humanado, mas dignai-Vos de as ouvir propícia e de me alcançar o que vos rogo. Amém!

Apresentação

Este não é um livro para ler, mas para saborear, para viver. Um livro para caminhar com você, um compa- nheiro no carro, no seu criado mudo, na cozinha...

Ele contém formação para sua vida pessoal, familiar e profissional.

Por isso ele vem nesse formato: De bolso. Tamanho pequeno, para estar sempre com você, como um bom amigo, um conselheiro.

Algumas dicas:

1. Você pode ler uma página antes de dormir.

2. Também pode ler uma página antes de sair de casa, logo cedo.

3. Presentear alguém. Como não é um livro de leitura contínua, nem complexo, que atinge a pessoa em seu nível: espiritual, familiar e profissional, você pode presenteá-lo a qualquer pessoa: um amigo, um familiar, um profissional...

A estrutura do livro

Você vai notar que o livro traz um *tema*. Tema este, sempre norteado pela Palavra de Deus.

Após a leitura, o livro apresenta um *problema*, uma situação que precisa ser resolvida.

Conhecido o problema, o livro traz a *solução*. Tal solução é uma oração. Esta oração é só uma motivação para você rezar mais. Ela é apenas um "ponta pé" e você continua...

Dada a solução, vem uma *dica*. A dica nada mais é do que uma direção. Algo prático para você fixar e por em prática.

Como fazer quando se perde a esperança nas pessoas? Quando "ninguém presta"?

Possivelmente uma das maiores dores sofridas pelo ser humano é a dor da traição. Justamente porque a traição vem de alguém muito próximo, alguém em quem se confia, se devota afeição. Além da dor, a traição cria uma barreira tão grande na mente e no coração, que o traído bloqueia todos à sua volta, rotulando e generalizando tudo e todos: "ninguém presta", "não confio mais em ninguém", "mulher/homem é tudo igual", "antes só do que mal acompanhado"...

E o que fazer? Como lidar com esses sentimentos? Jesus, no evangelho de São João, capítulo 13, versículo 16, na iminência da traição que sofreria da parte de Judas e, preocupado com a reação dos discípulos, para que não se afundassem na decepção, disse-lhes: "Não digo isso de vós todos; conheço os que escolhi, mas é preciso que se cumpra esta palavra da Escritura: Aquele que come o pão comigo levantou contra mim o seu calcanhar (Sl 40,10)". Veja aqui a chave: "Não digo isso de vós todos; conheço os que escolhi". Jesus poderia, diante da maldade que Judas fez e iria fazer, pô-lo pra fora do grupo, desfazer Sua equipe, decidir caminhar e evangelizar sozinho... por conta de tamanha decepção. Mas não fez nada disso. Não perdeu a esperança nos que estavam com Ele.

Muitas pessoas perderam a esperança nas amizades, nos relacionamentos, na família, na política, em pessoas que exercem autoridade de alguma forma, por terem se sentido traídas... É preciso ter a capacidade de recomeçar. E o princípio pra isso é não rotular, não generalizar tudo e todos; como Jesus, peneirar cada relacionamento, cada pessoa: "Não digo isso de vós todos; conheço os que escolhi". Se isso não for feito, você será condenado à decepção, a viver amargurado na solidão e sem o único sentimento capaz de dar sentido à vida: O amor

O Problema

Além da dor, a traição cria uma barreira tão grande na mente e no coração, que o traído bloqueia todos à sua volta, rotulando e generalizando tudo e todos: "ninguém presta", "não confio mais em ninguém", "mulher/ homem é tudo igual", "antes só do que mal acompanhado"...

A Solução

Senhor Jesus, me ajude a construir e reconstruir relacionamentos. Confesso que por conta de decepções e traições, acabei rotulando tudo e todos. Muitas vezes digo, penso ou ajo convencido de que ninguém presta. Dá-me Senhor a capacidade de peneirar situações e acontecimentos, para que eu não seja conduzido pela dor da traição e da decepção. Amém!

Uma Dica

É preciso ter a capacidade de recomeçar. E o princípio pra isso é não rotular, não generalizar tudo e todos; como Jesus, peneirar cada relacionamento, cada pessoa: "Não digo isso de vós todos; conheço os que escolhi". Se isso não for feito, você será condenado à decepção, a viver amargurado na solidão e sem o único sentimento capaz de dar sentido à vida: O amor.

Deixar tudo nas mãos de Deus é ter fé ou comodismo?

Pela fé, uma pessoa faz o que Jesus fez e até mais. Esta informação foi passada pelo próprio Jesus no evangelho de São João, capítulo 14, versículo 12: "Em verdade, em verdade vos digo: aquele que crê em mim fará também as obras que eu faço, e fará ainda maiores do que estas". E aqui não se trata de pensar positivo, poder da mente ou algo parecido. Aqui se trata de herança. Sim, uma herança nos dada pelo próprio Jesus, e que age na pessoa quando ela aceita.

E que obras são estas que somos capazes de fazer como Jesus fez se tivermos fé? Amar, perdoar, compadecer-se de alguém, sorrir, ser firme quando for necessário... E as obras maiores que as de Jesus? Exemplo bem simples são as redes sociais. Hoje, posso em segundos atingir pessoas no mundo inteiro com uma Palavra, com uma oração; posso levar a Palavra de Deus em lugares que jamais irei fisicamente. No tempo de Jesus isso não tinha. Hoje posso disponibilizar uma pregação no youtube e ela ser assistida por milhares de pessoas ao mesmo tempo...

Pela fé eu e você podemos mais. Podemos ir mais. Podemos fazer mais... E por que isso não acontece? Porque muitas vezes pensamos em fé como algo milagreiro. esquecemos que fé é decisão. Na prática ter fé é assim: Se estou com raiva de alguém, preciso perdoar. Então rezo pela pessoa e dou passos. Veja: Passos... Vou em direção à pessoa... Na política, nós cristãos devemos demonstrar a nossa fé rezando, mas não somente isso; temos que ler sobre política, falar de política, exigir dos políticos, escolher pessoas para a política e votar. Deixar tudo na mão de Deus nem sempre é ter fé, pode ser comodismo.

O Problema

Muitas vezes pensa- mos em fé como algo milagreiro. Esquece- os que fé é decisão.

A Solução

Meu Deus, me livre de uma fé acomodada, de uma fé que não dá passos, de uma fé que não avança. Dá-me a Graça de contar contigo sim meu Deus, mas também a Graça de fazer a minha parte, não me acomodando, mas indo além... Amém!

Uma Dica

Na prática ter fé é assim: Se estou com raiva de alguém, preciso perdoar. Então rezo pela pessoa e dou passos. Veja: Passos… Vou em direção à pessoa… Na política, nós cristãos devemos demonstrar a nossa fé rezando, mas não somente isso; temos que ler sobre política, falar de política, exigir dos políticos, es- colher pessoas para a política e votar. Deixar tudo na mão de Deus nem sempre é ter fé, pode ser comodismo.

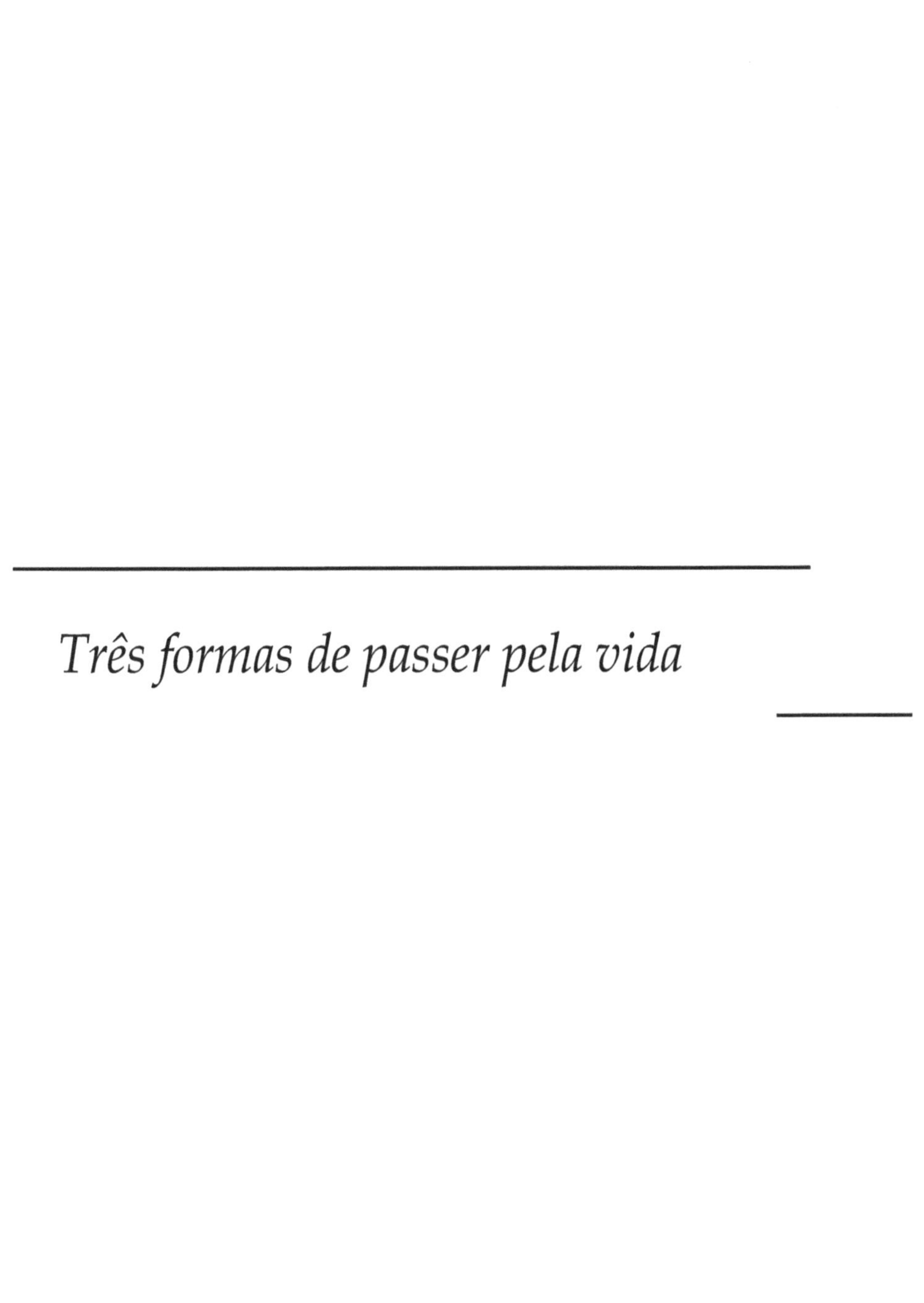

Três formas de passer pela vida

Lendo o evangelho de São João, capítulo 15 versículo 16: "Não fostes vós que me escolhestes, mas eu vos escolhi e vos constituí para que vades e produzais fruto, e o vosso fruto permaneça", vi que uma pessoa pode passar pela vida de três formas:

1- Sem produzir frutos: Ao estilo "deixa a vida me levar". 2- Produzindo frutos: Simplesmente fazendo aquilo que deve ser feito ou fazendo o que a maioria faz. 3- Produzindo frutos que permanecem: Deixando uma marca, fazendo a diferença.

Uma coisa é estudar. Outra coisa é estudar e se profissionalizar. E coisa grandiosa é fazer a diferença naquilo que estudei e me profissionalizei, deixando uma marca de seriedade, de empenho, de fidelidade, uma herança; onde alguém um dia vai ver e dizer: Quero fazer como essa pessoa fez.

Uma coisa é casar. Outra coisa é constituir família. E coisa grandiosa é dar à família o verdadeiro sentido de família; educar os filhos como Deus quer e não deixar que a falsa liberdade do mundo os conduza.

Uma coisa é ir à Igreja. Outra coisa é servir na Igreja. E coisa grandiosa é se inserir na Igreja; amar a Igreja apesar de ver erros que pessoas cometem, pondo os talentos a serviço.

Eis o desafio: Não basta passar pela vida. É preciso nesta passagem, produzir frutos e não somente produzir frutos. Os frutos têm que permanecer.

O Problema

Passar pela vida sem produzir frutos: Ao estilo "deixa a vida me levar" ou produzindo frutos: Simplesmente fazendo aquilo que deve ser feito ou fa- zendo o que a maioria faz.

A Solução

Senhor Jesus, dá-me entendimento de que não vim a este mundo por acaso. Não quero simplesmente viver. Quero viver e produzir frutos. Não quero ficar só nos sonhos, ideias e projetos; quero Senhor, produzir frutos e frutos que permaneçam. Quero contribuir com meus fru- tos, para um mundo mel- hor. Amém!

Uma Dica

É preciso passar pela vida produzindo frutos que permanecem: Deixando uma marca, fazendo a diferença; para que, ao verem esses frutos, as pessoas possam dizer: Quero ser como você!

Todos os dias falsos pastores tem direcionado pessoas

Ser ovelha de Jesus é ouvir a Sua voz. E ouvindo-a, seguí-LO, como está escrito no evangelho de São João, capítulo 10, versículo 27: "As minhas ovelhas ouvem a minha voz. Eu as conheço e elas me seguem".

Muitos não ouvem a voz de Jesus, por isso vão por caminhos contrários ao de Deus. E a consequência disso é desastrosa: Pessoas infelizes, frustradas, descrentes... O problema dos nossos dias não é surdez. É que muitas vozes ressoam ao mesmo tempo: Falsos pastores que tentam nos convencer de "verdades" que não existem. Exemplo disso é a mídia que quer todos os dias através de novelas e programas nos apresentar um conceito de família e de sexualidade totalmente fora dos padrões de Deus.

As ovelhas ouvem a voz do pastor, porque se habituaram a ouví-la. Ouvem-na todos os dias. Todos os dias, através da mídia falsos pastores têm falado e direcionado pessoas. Da mesma forma, precisamos todos os dias nos habituar a ouvir a voz de Deus pela Sua palavra – A Bíblia. Se assim fizéssemos, como um hábito, nenhuma outra voz nos guiaria...

O Problema

Além da dor, a traição cria uma Muitos não ouvem a voz de Jesus, por isso vão por caminhos contrários ao de Deus. E a consequência disso é desastrosa: Pessoas infelizes, frustradas, descrentes…

A Solução

Meu Deus, me ajude! São muitas vozes que ressoam todos os dias. Misericórdia de mim, que diariamente sou bombardeado de voz- es de "falsos pastores" que tentam me conduzir e me tirar do Teu caminho. Aju- da-me a criar e manter vivo o hábito de Te ouvir e seguir a Tua voz! Amém!

Uma Dica

Precisamos todos os dias nos habituar a ouvir a voz de Deus pela Sua palavra – A Bíblia. Se assim fizéssemos, como um hábito, nenhuma outra voz nos guiaria…

Por que faltam "bons pastores"?
(administradores, chefes, políticos, pais...)

O mundo carece de bons pastores. Aqui não falo somente de modo religioso, pois na verdade, bom pastor é o bom líder: Bom diretor, bom chefe, bom gerente, bom pai, boa mãe, bom padre, bom bispo,bom político, bom (naquilo que se recebe, para de alguma forma exercer autoridade). E a principal característica do pastor é conhecer as ovelhas, aqueles que estão sob sua autoridade, seu governo. O próprio Jesus no evangelho de São João, capítulo 10, versículo 14, assim informou: "Eu sou o bom pastor. Conheço as minhas ovelhas, e elas me conhecem".

Lidar com o ser humano não é fácil, é uma arte. O segredo está em conhecer, saber a história da pessoa, seus medos, seus talentos... Gastar tempo com ela, ouví-la. É isso que fará com que cada pessoa que tem autoridade seja bom pastor. Pois assim conhecerão as ovelhas. E elas, conhecendo quem as comanda, serão melhores, não se perderão, não se rebelarão, cumprirão melhor as suas tarefas.

E por que faltam bons pastores (bons pais, chefes, políticos, líderes...)? Porque é mais fácil demitir, ignorar, deixar que a escola cuide (no caso de pais). Para ser bom pastor é preciso conhecer as ovelhas, deixar de lado o egoísmo, a pressa...

O Problema

Faltam bons pastores (bons pais, chefes, políticos, líderes... Porque é mais fácil demitir, ignorar, deix- ar que a escola cuide (no caso de pais).

A Solução

Jesus, Tu és o bom pastor. Me dê um coração de pas- tor, para que eu ame mais, compreenda mais e não me enverede pelo camin- ho mais fácil que é demitir, anular, excluir... Quero na minha casa, no meu tra- balho, nos meus relacio- namentos, um coração de pastor! Amém!

Uma Dica

Lidar com o ser humano não é fácil, é uma arte. O segredo está em conhecer, saber a história da pessoa, seus medos, seus tal- entos... Gastar tempo com ela, ouví-la. É isso que fará com que cada pessoa que tem autoridade seja bom pastor. Pois assim conhecerão as ovelhas. E elas, conhecendo quem as comanda, serão melhores, não se perderão, não se rebelarão, cumprirão melhor as suas tarefas.

A liberdade de Agir ou não seguir a Deus

São João em seu evangelho, capítulo, versículo 60 nos conta que: “Muitos dos discípulos de Jesus, ouvindo-O, disseram: Isto é muito duro! Quem o pode admitir?” e prossegue São João do versículo 66 ao 69: “Desde então, muitos dos seus discípulos se retiraram e já não andavam com ele. Então Jesus perguntou aos Doze: Quereis vós também retirar-vos? Respondeu-lhe Simão Pedro: Senhor, a quem iríamos nós? Tu tens as palavras da vida eterna. E nós cremos e sabemos que tu és o Santo de Deus!”

O que impressiona em Jesus é Sua verdade. Ele não mentiu, não enganou, não falou diferente. De fato, o que Ele falava era duro. Falava sobre romper com o mal, sobre mudança de vida, sobre um nascer de novo... Muitos não suportaram, pois esperavam alguém que os liderasse sem exigências, queriam um líder que lhes proporcionasse tudo sem muito esforço. Então se retiraram, foram em busca de uma vida sem tantas exigências, mais fácil...

Hoje não é diferente. Há pessoas que buscam líderes que lhes dêem tudo “na bandeja”, muitos querem ouvir aquilo que lhes convém, uma religião milagreira, um Deus que os atenda de imediato – um pronto socorro. Ainda hoje, como naquele tempo, muitos perdem a fé, pois estar com Deus é exigente. Temos que cooperar com a Graça e não ficar de braços cruzados. Ser de Deus exige determinação para mudar, para romper com o mal que insiste em nos conduzir.

Jesus nos ama e nos quer com Ele. Mas é tanto amor que Ele nos deixa livres. E ainda hoje Ele pergunta como perguntou aos doze que Lhe seguiam: “Quereis vós também retirar-vos?" Eu fico com a resposta de Pedro: "Senhor, a quem iríamos nós? Tu tens as palavras da vida eterna". E você?

O Problema

Há pessoas que bus- cam líderes que lhes dêem tudo "na bandeja", muitos querem ouvir aquilo que lhes convém, uma religião milagreira, um Deus que os atenda de imediato um pronto - socorro.

A Solução

Senhor Jesus, faço minhas as palavras de Pedro: "Sen- hor, a quem iríamos nós? Tu tens as palavras da vida eterna". Me perdoa porque muitas vezes busco caminhos fáceis, exijo milagres de Ti, como se tivésseis a obrigação de me atender com um estalo de dedos. Quero seguir contigo Senhor Jesus, ainda que esse seguir seja sofrido e mar- cado pela cruz; pois só "Tu tens palavras de da vida eterna"! Amém!

Uma Dica

Temos que cooperar com a Graça e não ficar de braços cruza- dos. Ser de Deus exige determinação para mudar, para romper com o mal que insiste em nos conduzir

A Igreja concede a graça, não burocracia

Papa Francisco - 08/05/14

Quem, na Igreja, é chamado a administrar os sacramentos deve dar espaço à graça de Deus e não colocar obstáculos do tipo "burocrático". Assim disse o Papa Francisco, na homilia desta quinta-feira, 8, em Missa, na Casa Santa Marta.

"Quem faz a evangelização é Deus". O Pontífice reiterou essa verdade opondo-a ao excesso de burocracia que, por vezes, na Igreja, pode colocar obstáculos para as pessoas se aproximarem de Deus.

O modelo a seguir, segundo Francisco, é o apóstolo Filipe, que, no trecho do Ato dos Apóstolos proposto para hoje, destaca três qualidades cristalinas de um cristão: docilidade ao Espírito, diálogo e confiança na graça. O primeiro se destaca quando o Espírito diz a Filipe para interromper suas atividades e alcançar o carro em que está viajando, entre Jerusalém e Gaza, o ministro da rainha daEtiópia.

"Ele, Filipe, obedece, é dócil ao chamado do Senhor. Seguramente, deixou tantas coisas que deveria fazer, porque os apóstolos, naquele tempo, eram tão ocupados com a evangelização. Deixa tudo e vai. Isso nos faz ver que, sem essa docilidade à voz de Deus, ninguém pode evangelizar, ninguém pode anunciar Jesus Cristo; no máximo, anunciará a si mesmo".

Para Filipe, o encontro com o ministro etíope se torna ocasião de anúncio do Evangelho. Mas esse anúncio, explicou o Papa, não é um ensinamento imposto, que caiu do alto, mas um diálogo que o apóstolo iniciou respeitando a sensibilidade espiritual do seu interlocutor.

“Não se pode evangelizar sem diálogo; você deve partir justamente de onde está a pessoa que deve ser evangelizada. E quão importante é isso! ‘Mas, padre, perde-se tanto tempo, porque cada um tem a sua história, vem com suas ideias...’ Mais tempo perdeu Deus na criação do mundo e a fez tão bem! Perca tempo com a outra pessoa, porque ela é aquela que Deus quer que você evangelize”.

As palavras de Filipe suscitaram no ministro etíope o desejo de ser batizado na primeira corrente de água pelo caminho; é assim que acontece. Filipe administra o batismo ao etíope, leva-o à graça de Deus.

“Pensemos nesses três momentos da evangelização: a docilidade para evangelizar, fazer aquilo que Deus manda; o diálogo com as pessoas, partindo de onde elas estão; confiar na graça: é mais importante a graça que toda a burocracia. ‘O que impede o quê?’ Lembremo-nos disso: às vezes, nós, na Igreja, somos uma empresa que fabrica impedimentos para as pessoas chegarem à graça. Que o Senhor nos faça entender isso!”

Redação – Rádio Vaticano

O Problema

Às vezes, nós, na Ig- reja, somos uma em- presa que fabrica im- pedimentos para as pessoas chegarem à graça.

A Solução

Senhor Jesus, me liberte do preconceito, da mania de impor regras. Não permita que que eu afaste as pessoas da Graça. Pelo contrário: Ajuda-me a ser canal da Tua Graça Senhor. Amém

Uma Dica

"Quem faz a evangelização é Deus". O excesso de burocracia por vezes, na Igreja, pode colocar obstáculos para as pessoas se aproximarem de Deus. É mais importante a graça que toda a burocracia. 'O que impede o quê?

Perde-se o sentido de Céu quando não se alimenta de Deus

Jesus hoje, através de dois versículos do capítulo 6 do evangelho de São João nos dá duas certezas:

O primeiro versículo é o 47: "Em verdade, em verdade vos digo: quem crê em mim tem a vida eterna". Crer em Jesus, d'Ele se alimentando por excelência na Eucaristia, mas também na Palavra e na oração é garantia do céu; nossa morada definitiva, onde não haverá dor, nem lágrimas, nem sofrimentos...

O segundo versículo é o 50: "Este é o pão que desceu do céu, para que não morra todo aquele que dele comer". Alimentar-se de Deus, é garantia de vida e libertação da pior morte, a morte espiritual. A pessoa que se alimenta de Deus, ainda que em meio a sofrimentos e tribulações: Materiais, familiares, físicas... tem vida! Vida esta que lhe capacita a sorrir, perseverar e jamais perder a esperança.

A agressividade, a falta de amor, a corrupção, o pré conceito, o desespero que as pessoas vivem são sintomas claros de um povo que está morrendo espiritualmente, perdendo o sentido do Céu, porque não se alimenta de Deus!

O Problema

A agressividade, a falta de amor, a corrupção, o pré conceito, o desespero que as pessoas vivem são sintomas claros de um povo que está morren do espiritualmente, perdendo o sentido do Céu, porque não se alimenta de Deus!.

A Solução

Senhor Jesus, preciso me alimentar de Ti através da Eucaristia por excelência, mas também pela Palavra e pela oração. Por favor Senhor, dá-me ânimo, disposição, desejo de Te buscar. Livrai-me da morte espiritual, da perda do sentido do Céu. Amém!

Uma Dica

A pessoa que se alimenta de Deus, ainda que em meio a sofri- mentos e tribulações: Materiais, familiares, físicas... tem vida! Vida esta que lhe capacita a sorrir, perseverar e jamais perder a esperança.

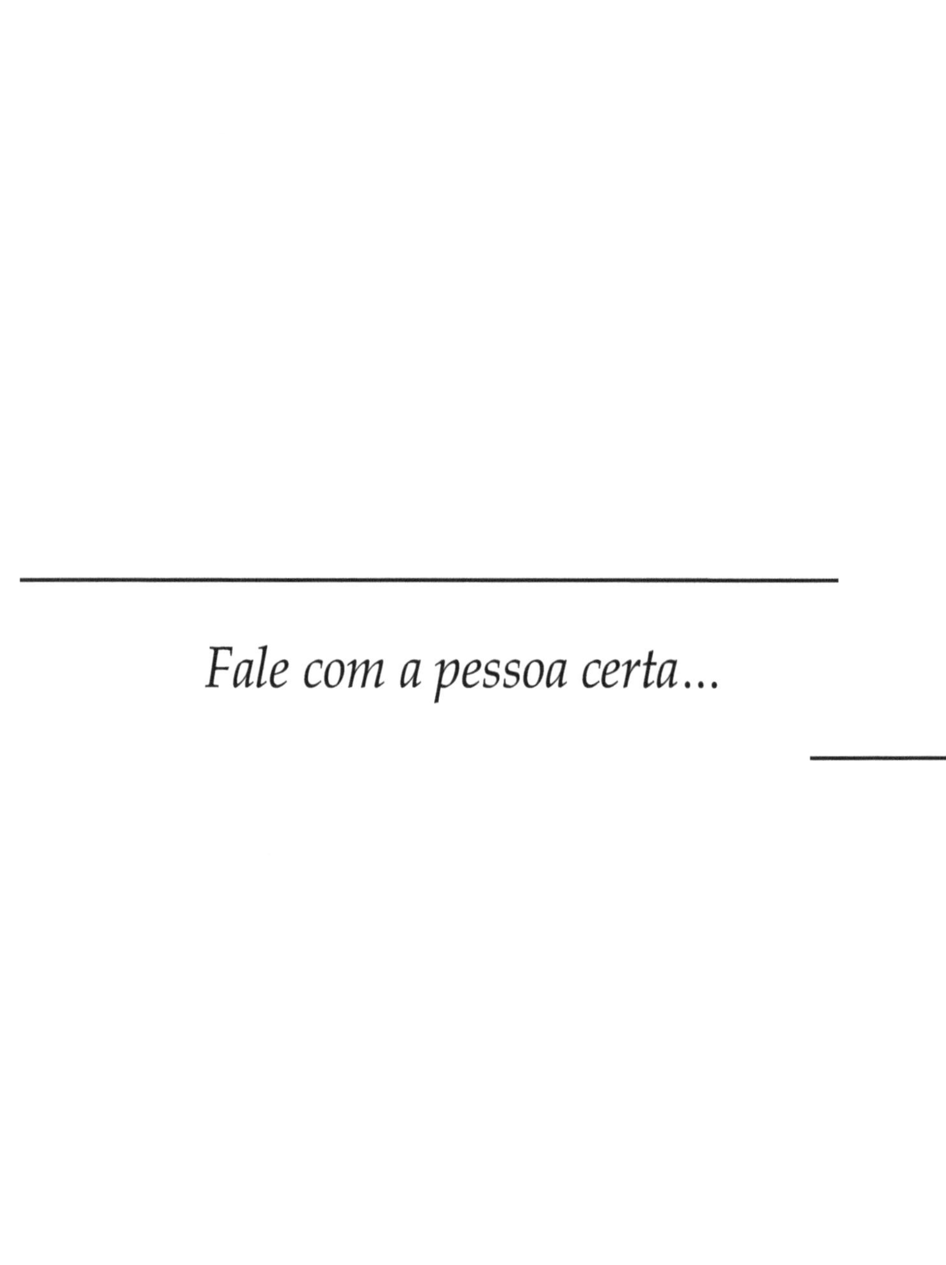

Fale com a pessoa certa...

Nada pior do que falar com a pessoa errada. Existe uma grande tentação que nos faz, quase sempre, conversar com quem, de fato, devemos falar em último lugar!

Até lá, gastamos inútil e erroneamente o tempo, conversando com quem nada – ou pouco – tem a ver com o assunto; isso quando não caímos na mais pura fofoca.

Por isso, atenção: dirija-se e fale sempre com a pessoa certa!

O Problema

Existe uma grande tentação que nos faz, quase sempre, conversar com quem, de fato, devemos falar em último lugar!

A Solução

Meu Deus, me perdoe por falar demais, por falar coisas que simplesmente "acho". Me perdoe pelas mágoas e principalmente pelos momentos em que diante de uma chateação, não procuro quem de fato deveria procurar, caindo no erro da fofoca. Amém!

Uma Dica

Dirija-se e fale sempre com a pessoa certa!

De onde Surgem nossos desequilíbrios?

Jesus, diante de tantos questionamentos dos fariseus, disse-lhes: "Eu sou o pão da vida: aquele que vem a mim não terá fome, e aquele que crê em mim jamais terá sede". Isso está no evangelho de São João, capítulo 5, versículo 35. É claro que Jesus fala de uma fome e de uma sede não convencionais, como fazer uma refeição e tomar um copo d'água. A fome e a sede citada por Ele, são os desejos mais íntimos do ser humano como: Alegria, paz, felicidade, amor, sucesso, justiça... Há em nós, uma fome e uma sede tão grande, que nada sacia. Por isso, por exemplo que há corrupção: O ser humano tem fome e sede de conforto, de realização pessoal. Daí, alguns se tornam gananciosos, se corrompem, exploram e, quanto mais conseguem, mais querem. Na sexualidade é a mesma coisa: Muitos, pela fome e sede de amor, confundem com sexo. Daí, buscam saciar a fome e sede de amor no sexo e nunca se realizam afetivamente.

Enfim: Jesus foi claro. Ele é pão, o alimento que sacia nossa fome e nossa sede. Alimentar-se d'Ele na Eucaristia, na Palavra e na oração é garantia de equilíbrio. Assim como o corpo precisa de alimento todo dia, a alma também precisa. Nossos desequilíbrios surgem, por falta de nos alimentarmos de Deus! E da mesma forma que refeição tem que ter hora, disciplina, se não adoecemos, nossa vida com Deus também.

O Problema

O ser humano tem fome e sede de con- forto, de realização pessoal. Daí, alguns se tornam gananciosos, se corrompem, exploram e, quanto mais conseguem, mais querem. Na sexuali- dade é a mesma coisa: Muitos, pela fome e sede de amor, confun- dem com sexo. Daí, buscam saciar a fome e sede de amor no sexo e nunca se realizam afe- tivamente

A Solução

Senhor Jesus, Tu sabes da fome e da sede que ten- ho em todas as áreas da minha vida. Não permita que eu me sacie com ali- mentos errados. Senhor, me ajude a me alimentar de Ti, para que eu não me torne desequilibrado. Amém!

Uma Dica

Jesus foi claro. Ele é pão, o alimento que sacia nossa fome e nossa sede. Alimentar-se d'Ele na Eucaristia, na Palavra e na oração é garantia de equilíbrio. Assim como o corpo precisa de alimento todo dia, a alma também precisa. Nossos dese- quilíbrios surgem, por falta de nos alimentarmos de Deus! E da mesma forma que refeição tem que ter hora, disciplina, se não adoecemos, nossa vida com Deus também.

O que Fazer quando tudo parece estar de "pernas proar"?

No evangelho de São João, capítulo 6, versículo 28, Perguntaram a Jesus: "Que faremos para praticar as obras de Deus?" Daí Ele responde no versículo 29: "A obra de Deus é esta: que creiais naquele que ele enviou". Crer em Jesus é a grande obra a realizar. Ele mesmo, no versículo 5, do capítulo 15 do evangelho de São João, disse: "Porque sem mim, nada podeis fazer".

Podemos ter as melhores das intenções, fazermos coisas muito boas, mas sem a presença de Deus, sempre faltará algo. Podemos falar bem, termos cursos, técnicas de convencimento, mas para atingir o coração das pessoas, para que mudem verdadeiramente, só com a presença de Deus. Podemos ler a Bíblia inteira, ler excelentes livros, mas sem fé, sem presença de Deus, fica tudo na cabeça, não transforma o coração.

A grande obra de Deus a ser praticada, é crer n'Ele! Abandonar n'Ele as preocupações desse dia, as tristezas, as decepções, as pessoas... na certeza que Ele tem o controle de todas as coisas e pode por tudo no lugar, ainda que, diante dos nossos olhos, as coisas estejam "de pernas pro ar". Amém!

O Problema

Sem presença de Deus, fica tudo na cabeça, não transfor- ma o coração.

A Solução

Senhor Jesus, sem Ti nada posso fazer! Sem Ti, tudo fica de "pernas pro ar". Me ajude a viver e a fazer tudo na Tua presença: Trabalho, estudos, relacionamentos, vida familiar... Amém!

Uma Dica

Podemos ter as melhores das intenções, fazermos coisas muito boas, mas sem a presença de Deus, sempre faltará algo.

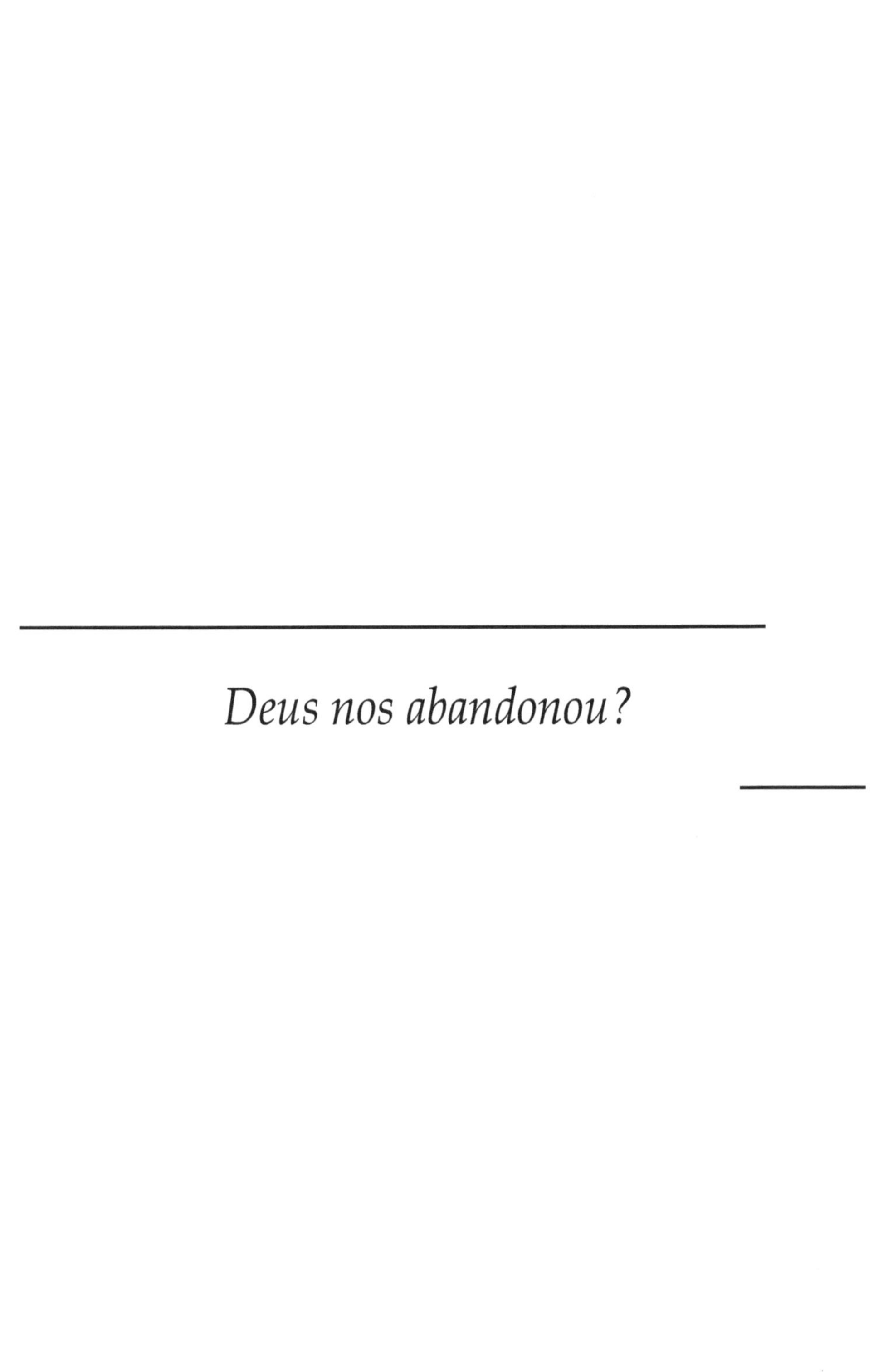

Deus nos abandonou?

Algumas pessoas falam que Deus castiga. Outras acham que a condenação é ação de Deus. No evangelho de São João, capítulo 3, versículo 17 porém, há uma grande verdade: "Pois Deus não enviou o Filho ao mundo para condená-lo, mas para que o mundo seja salvo por ele". Portanto, a grande ação de Jesus é salvar. Ele veio para libertar o ser humano; não para apontar erros. Mas quando a pessoa se afasta de Deus, não O busca, automaticamente se condena à solidão, à tristeza, à magoa, ao vazio...

Existe um erro muito grave que se comete, quando diante de uma aflição se pergunta: Por que Deus fez isso comigo? Fato concreto é o pecado social: Nas eleições, vota-se em qualquer candidato. Ou candidatos que fazem "favores". E o pior: Aceita-se "favores". Daí, a saúde, a segurança, a educação, a mobilidade urbana... Ficam abandonados.

Diante desse quadro, alguns ainda dizem: Isso é castigo! Deus abandonou o mundo! Deixo então aqui uma pergunta: Será mesmo que Deus nos abandonou? Não seria o contrário?

O Problema

Existe um erro muito grave que se comete, quando diante de uma aflição se pergunta: Por que Deus fez isso comigo?

A Solução

Meu Deus, perdoa-me pelo erro que cometo, achando que o Senhor me abandonou ou abandonou o mundo. Dá-me visão es- piritual para ver e sentir o Teu amor de Pai que cuida, que tem e quer o melhor para para os filhos. Amém!

Uma Dica

Quando a pessoa se afasta de Deus, não O busca, automati- camente se condena à solidão, à tristeza, à magoa, ao vazio…

A nossa consciência é a voz do Espírito Santo

A nossa consciência não é um bicho-papão, pois é por meio dela que Deus nos fala com amor. Pode ser que, num caso especial, de grande necessidade, o Senhor nos fale ao ouvido, mas isso não é comum. O comum é Ele falar lá no fundo da nossa consciência para nos mostrar todas as coisas. Por isso, precisamos ser assíduos à oração. Não podemos ter medo de conversar com Deus sobre a nossa vida.

Fale com o Senhor sobre seu filho, sobre seu marido e sua esposa. Fale com Ele sobre seu emprego e seu grupo de oração. Peça a Ele para falar dentro de você; depois, fique em silêncio.

No começo, você perceberá que é "ruim de ouvido", mas, depois, com a prática, vai aprender a ouvir com o coração. A princípio, pode parecer que o Senhor não fala nada, não responde nada. Mas quanto mais você Lhe perguntar algo e O escutar, mais Ele o ensinará a verdadeira sabedoria: o que fazer em cada momento, diante de cada coisa. Muitas vezes, o Senhor fala, fala, fala, mas nós fingimos não O ouvir.

Quando rezamos e pedimos a Deus uma orientação, Ele nos guia também pelos acontecimentos e pelas pessoas que coloca em nossa vida. Preste muita atenção a isso, porque o Senhor age pelas causas segundas, dizem os teólogos, ou seja, Ele age por meio de Suas criaturas. Deus nos fala também por meio dos ensinamentos da Igreja.

Na Última Ceia, Jesus disse aos apóstolos que o Espírito Santo os conduziria a "toda a verdade" (cf. Jo 14,15.25; 16,12-13).

Deus não falará ao nosso coração algo diferente ou contrário àquilo que já ensinou ao Magistério Sagrado da Igreja. Assim, teremos um discernimento correto das coisas a fazer. A nossa consciência é a voz do Espírito, e a voz d'Ele é sutil, mas penetrante e regeneradora. Em geral, seguimos a voz das nossas paixões e sentimentos para as coisas boas e para as coisas más.

Quando nós, na humildade e na oração, aprendermos a ouvir a Palavra de Deus, a voz do Espírito Santo dentro de nós, e não a voz das nossas emoções, das nossas empolgações, começaremos a acertar com o projeto de Deus.

Tenhamos a certeza de que o Senhor poderia ter feito muito mais se, em vez de ficarmos buscando nossos projetos, guiados por nossas empolgações, tivéssemos paciência e humildade para escutar a voz d'Ele em nossa consciência.

Se pedirmos, Deus nos dará sabedoria. São Tiago disse: "Se a algum de vós faltar sabedoria, peça-a a Deus, que a concede generosamente a todos, sem impor condições, ela lhe será dada. Mas peça com fé, sem duvidar, porque aquele que duvida é semelhante a uma onda do mar, impelida e agitada pelo vento" (Tg 1,5-6).

A nossa humanidade, a nossa sociedade, há muito tempo não pergunta a Deus o que fazer. Mesmo nós, na Igreja, fomos seguindo os nossos projetos, fazendo as coisas de acordo com nossa própria cabeça. O importante é adquirir a prática de ouvir o Senhor com o coração. Ouvi-Lo é colher, no coração, o que Ele nos inspira.

Artigo compilado do livro "A sabedoria está no ar" – Monsenhor Jonas Abib

O Problema

A nossa humanidade, a nossa sociedade, há muito tempo não pergunta a Deus o que fazer. Mesmo nós, na Igreja, fomos seguin- do os nossos proje- tos, fazendo as coisas de acordo com nossa própria cabeça.

A Solução

Espírito Santo é verdade. Muitas vezes eu sigo minhas ideias, meus pro- jetos, minha cabeça, sem recorrer a Ti. Dá-me doc- ilidade à Tua voz Espírito de Deus, quero e preciso ser guiado por ti. Amém.

Uma Dica

Quando nós, na humildade e na oração, aprendermos a ouvir a Palavra de Deus, a voz do Espírito Santo dentro de nós, e não a voz das nossas emoções, das nossas empolgações, começare- mos a acertar com o projeto de Deus.

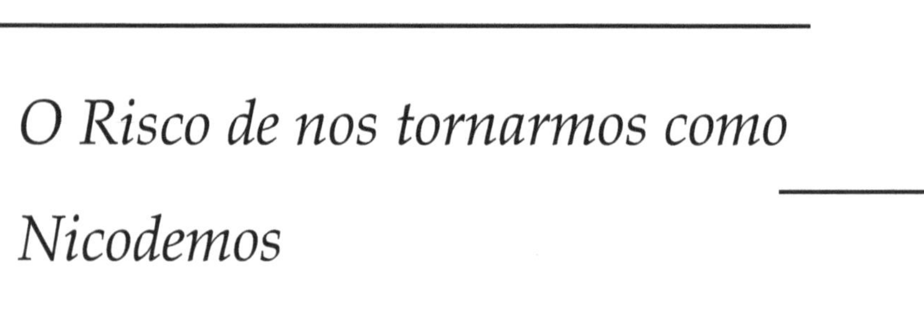

O Risco de nos tornarmos como Nicodemos

A cada dia o mundo está mais informado. A chegada de uma notícia não tem limites, é instantânea; fenômeno este, potencializado pelas redes sociais. Ainda assim, precisamos nos redescobrir em essência, pois apesar de sabermos muitas coisas, no essencial, deixamos a desejar. Veja a história de Nicodemos, que era uma das autoridades dos judeus no tempo de Jesus, narrada a nós por São João, capítulo, 3, versículos de 1 a 3: "Havia um homem entre os fariseus, chamado Nicodemos, príncipe dos judeus. Este foi ter com Jesus, de noite, e disse-lhe: Rabi, sabemos que és um Mestre vindo de Deus. Ninguém pode fazer esses milagres que fazes, se Deus não estiver com ele. Jesus replicou-lhe: Em verdade, em verdade te digo: quem não nascer de novo não poderá ver o Reino de Deus".

O convite que Jesus fez a Nicodemos, é para todos nós hoje: Nascer de novo. E pra nascer de novo, é preciso morrer! E ninguém quer morrer. O medo da dor, a angústia de "perder" o que conquistou, "perder" pessoas... amedronta... Isso é tão real, que Nicodemos, por medos diversos foi ter com Jesus à noite.

Peçamos nestes dias que antecedem a solenidade de Pentecostes, que o Espírito Santo nos dê a coragem de nascer de novo, pra não corrermos o risco de nos tornarmos como Nicodemos: Entendidos deste mundo: De futebol, de música, de artes, de política... e ignorantes das coisas de Deus: Amor, perdão, alegria, paz...

Então reze:

Espírito de Deus, enviai dos céus um raio de luz. Vinde, Pai dos pobres, dai aos corações vossos sete dons. Consolo que acalma, hóspede da alma, doce alívio, vinde! No labor descanso, na aflição remanso, no calor aragem. Enchei, luz bendita, chama que crepita, o íntimo de nós! Sem a luz que acode, nada o homem pode, nenhum bem há nele. Ao sujo lavai, ao seco regai, curai o doente. Dobrai o que é duro, guiai no escuro, o frio aquecei. Dai à vossa Igreja, que espera e deseja, vossos sete dons. Dai em prêmio ao forte uma santa morte, alegria eterna. Amém!

O Problema

Corremos o risco de nos tornarmos como Nicodemos: Entendi- dos deste mundo: De futebol, de música, de artes, de política... e ignorantes das coisas de Deus: Amor, per- dão, alegria, paz...

Solução

Senhor Jesus, não quero ser ignorante das coisas do Céu como Nicodemos era. Derrama sobre mim Sen- hor O Espírito Santo, para que eu obtenha o conheci- mento da Tua Graça e não me prenda às coisas desse mundo. Amém!

Uma Dica

Precisamos nos redescobrir em essência, pois apesar de saber- mos muitas coisas, no essencial, deixamos a desejar.

O que o sofrimento roubou de você?

Pedro e os demais discípulos, ao serem chamados por Jesus, eram pescadores. Jesus redefine a missão deles, fazendo-os pescadores de homens. Eles viveram momentos maravilhosos ao lado de Jesus. Daí vem todo sofrimento de cruz. A dor, a decepção, a tristeza os invade. Diante de tudo que acontecera na sexta-feira, o que fazer agora? São João explica no capítulo 21, versículo 3: "Depois disso, tornou Jesus a manifestar-se aos seus discípulos junto ao lago de Tiberíades. Manifestou-se deste modo: Estavam juntos Simão Pedro, Tomé (chamado Dídimo), Natanael (que era de Caná da Galiléia), os filhos de Zebedeu e outros dois dos seus discípulos. Disse-lhes Simão Pedro: Vou pescar. Responderam-lhe eles: Também nós vamos contigo".

Esse "vou pescar" de Pedro, mostra o sentimento de está perdido diante do sofrimento, diante da perda. E só resta voltar atrás. Pois não há mais esperança.

Alguns sofrimentos e perdas nos fazem esquecer momentos de felicidade, perspectivas de futuro, nos tiram a fé, nos roubam o sentido de viver... Era assim que Pedro e os demais estavam e, é assim que muitas vezes acontece conosco. Nestes momentos, o que vale é não voltar atrás (não voltar a pescar), não se revoltar, não se tornar descrente... Mas seguir em frente...

O Problema

Alguns sofrimentos e perdas nos fazem es- quecer momentos de felicidade, perspectiv- as de futuro, nos tiram a fé, nos roubam o sentido de viver...

A Solução

Senhor Jesus, os sofrimen- tos têm me roubado a Tua presença: A alegria, a paz, o sorriso, a esperança... Por favor meu Senhor, não permita que isso continue. Tudo isso passa. Me for- taleça Senhor e convença da Tua presença que está acima de toda dor e de todo sofrimento.

Uma Dica

O que vale é não voltar atrás (não voltar a pescar), não se revol- tar, não se tornar descrente... Mas seguir em frente...

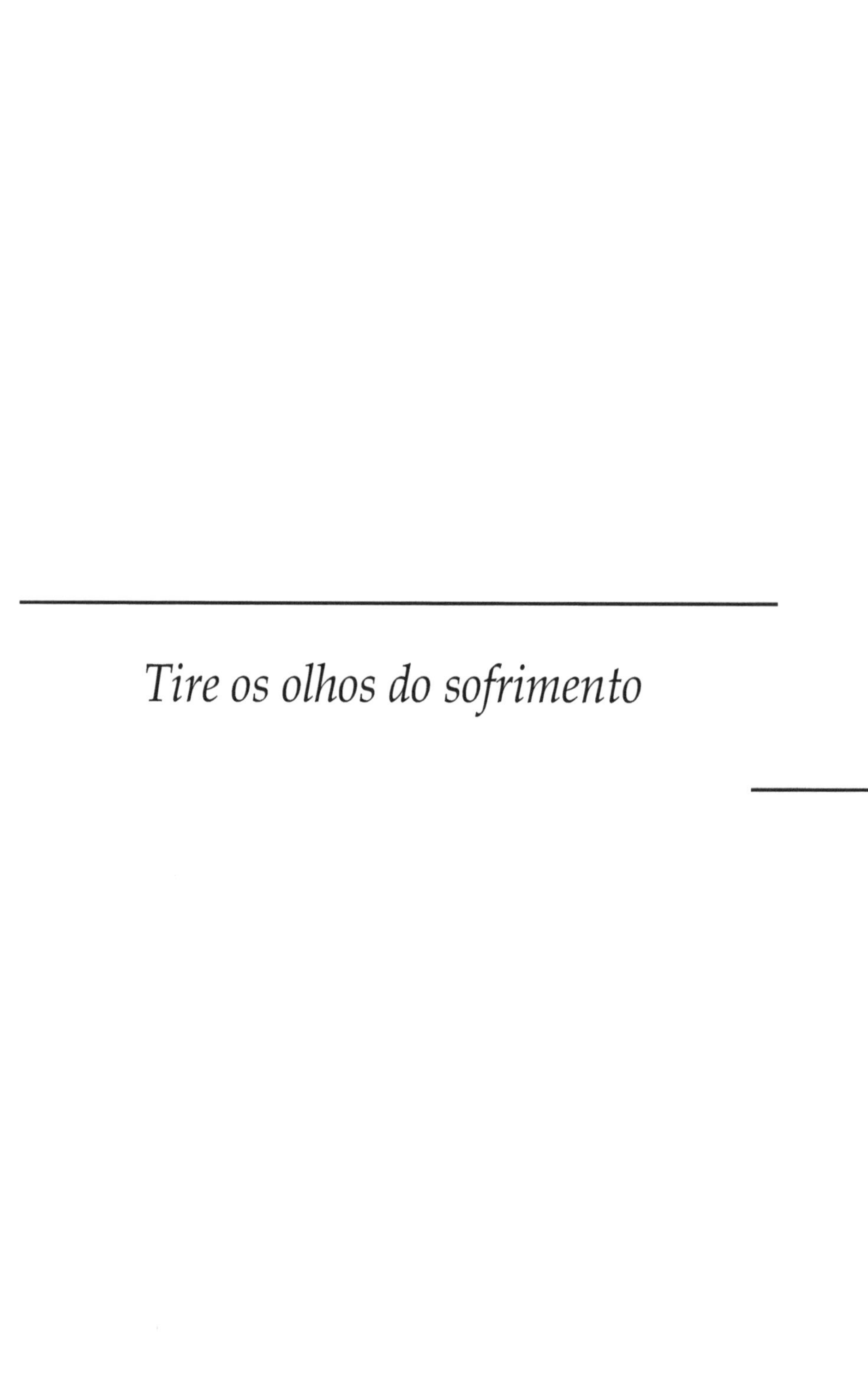

Tire os olhos do sofrimento

O evangelista São Lucas, nos conta: "Nesse mesmo dia, dois discípulos caminhavam para uma aldeia chamada Emaús, distante de Jerusalém sessenta estádios. Iam falando um com o outro de tudo o que se tinha passado. Enquanto iam conversando e discorrendo entre si, o mesmo Jesus aproximou-se deles e caminhava com eles. Mas os olhos estavam-lhes como que vendados e não o reconheceram". Esses dois discípulos, presenciaram muito sofrimento. A morte de Jesus, além de injusta, foi demasiadamente brutal, a ponto de os olhos daqueles dois terem ficado fixos lá no sofrimento, e durante o percurso que faziam, era esse o assunto deles; e tão presos ao sofrimento estavam, que Jesus aparece e eles não O reconhecem. O sofrimento os cegara e dominava o coração deles, a ponto de só falarem disso.

Não é diferente conosco. Precisamos nos cuidar, pois quando estamos sofrendo por algo ou por alguém, corremos o risco de fazer disso o sentido da nossa vida. Corremos o risco de ficar com os olhos fixos na dor e não enxergar mais nada à nossa volta. Quando o que motiva nossas conversas é só sofrimento, ficamos cegos, perdemos a esperança, não vemos mais solução, perdemos a fé, deixamos de rezar...

O que fazer então? Tudo está nos olhos! Tire os olhos do sofrimento! Fixe-os em Deus! Tire o sofrimento das suas conversas! Fale com Deus! A esperança vai renascer! Seus olhos vão se abrir e você vai ser capaz de mesmo com sofrimentos, ter sentido pra viver!

O Problema

Quando estamos sof- rendo por algo ou por alguém, corremos o risco de fazer disso o sentido da nossa vida. Corremos o risco de ficar com os olhos fixos na dor e não enx- ergar mais nada à nos- sa volta.

A Solução

Senhor, me ajude a fixar os olhos em Ti e não nos sofrimentos. Que minhas conversas e meu agir se fixem na esperança da vitória que só o Senhor pode dar. Amém!

Uma Dica

Precisamos nos cuidar, pois quando estamos sofrendo por algo ou por alguém, corremos o risco de fazer disso o sentido da nossa vida. Corremos o risco de ficar com os olhos fixos na dor e não enxergar mais nada à nossa volta. Quando o quemotiva nossas conversas é só sofrimento, ficamos cegos, perdemos a esperança, não vemos mais solução, perdemos a fé, deixamos de rezar...

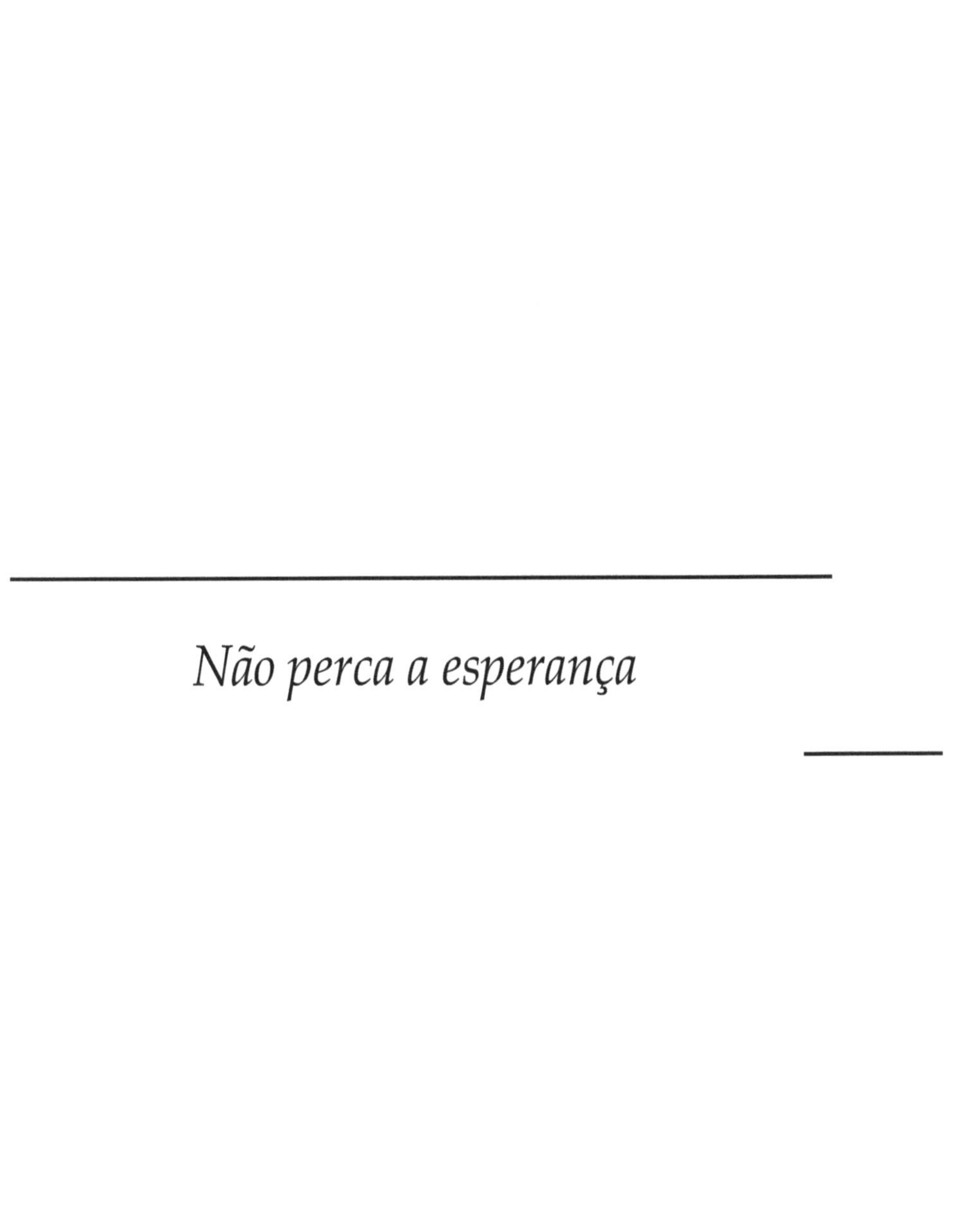

Não perca a esperança

"Maria Madalena se conservava do lado de fora perto do sepulcro e chorava. Chorando, inclinou-se para olhar dentro do sepulcro. Viu dois anjos vestidos de branco, sentados onde estivera o corpo de Jesus, um à cabeceira e outro aos pés. Eles lhe perguntaram: Mulher, por que choras? Ela respondeu: Porque levaram o meu Senhor, e não sei onde o puseram". Jo 20, 11-13.

Maria Madalena estava inconformada em ter perdido Jesus. Além de todo sofrimento de cruz, o corpo de Jesus não estava no túmulo. Mas ela não se entrega; dali, de diante do túmulo só sai ao ver o Senhor: "Maria Madalena correu para anunciar aos discípulos que ela tinha visto o Senhor e contou o que ele lhe tinha falado". Jo 20, 18.

Maria Madalena é exemplo de quem não desiste. E precisa ser modelo para aqueles que estão diante do túmulo: Situações de morte, de dor, de sofrimento, de perdas, doenças... para que não percam a esperança.

O Problema

Situações de morte, de dor, de sofrimento, de perdas, doenças... podem tirar nossa es perança.

A Solução

Senhor Jesus, como Madalena, muitas vezes me vejo diante do túmulo: Situações de morte, de dor, de sofrimentos, per- das e doenças... Me ajude a exemplos dela, a não per- der a esperança, mas crer que o Senhor vai surgir e surgindo fazer a vida rena- scer... Amém!

Uma Dica

Diante do túmulo: Situações de morte, de dor, de sofrimento, de perdas, doenças... Não perca a esperança.

O mundo precisa de

mais exemplos e menos discursos

Na leitura do evangelho de São João, capítulo 13, versículo 15, Jesus diz: "Dei-vos o exemplo, para que, como Eu vos fiz, assim façais também vós". Jesus não somente pediu que os apóstolos fizessem; Ele fez. Em tudo deu o exemplo. E quando precisou falar de amor, de doação, de serviço, lavou os pés daqueles que com Ele caminhavam. Se Jesus não tivesse agido assim, Ele teria sido mais um que passou neste mundo e deixou lindas mensagens, mas que ficou só no discurso.

Corremos um grande risco: De passar por este mundo exigindo e cobrando das pessoas, da sociedade, do poder público... Podemos ter um belo discurso, mas sem o exemplo nada vai mudar. Podemos fazer discursos maravilhosos sobre o amor, mas se não dermos o exemplo amando, será só discurso. Podemos esbravejar contra a corrupção, contra políticos corruptos, mas temos que dar o exemplo, votando em bons candidatos ou até mesmo nos candidatando, conscientizando as pessoas, fazendo a nossa parte, senão nada muda.

Pensemos em tudo que desejamos, falamos e muitas vezes exigimos das pessoas... Agora vamos reler mais uma vezes o que disse Jesus: "Dei-vos o exemplo, para que, como Eu vos fiz, assim façais também vós".

O Problema

Podemos ter um belo discurso, mas sem o exemplo nada vai mudar.

A Solução

Senhor Jesus, me perdoe por ficar no discurso e esquecer de dar exemplo. Dai-me a Graça de ser ex- emplo, de cobrar menos e fazer mais. Amém!

Uma Dica

Corremos um grande risco: De passar por este mundo exigin- do e cobrando das pessoas, da sociedade, do poder público… e fazer pouco ou quase nada...

Porque sofremos quando nos traem ou nos decepcionam?

A traição de Judas me inquieta por um simples fato: Ele era "um dos doze", como descrito pelo evangelista São Mateus, no capítulo 26, versículos 14 a 16: "Então um dos Doze, chamado Judas Iscariotes, foi ter com os príncipes dos sacerdotes e perguntou-lhes: Que quereis dar-me e eu vo-lo entregarei. Ajustaram com ele trinta moedas de prata. E desde aquele instante, procurava uma ocasião favorável para entregar Jesus". Judas foi escolhido "a dedo" por Jesus, comia com Ele, caminhavam juntos, viviam juntos...

O que mais machuca numa traição é o fato de que, ela vem de onde menos esperamos. Vem de pessoas próximas. Vem de onde não imaginávamos que viesse. Fico então, a me perguntar: Como Jesus suportou isso? Por que Ele não falou umas "verdades" para Judas? Por que não tocou Judas dali naquela mesma hora? E a resposta que me vem é simples: É que Jesus não tinha expectativas sobre Judas. Amava-o, como amava os outros, mas sabia que Judas era humano, passível de erros.

Penso que sofremos muito ao sermos traídos por alguém que amamos, quando nos decepcionamos com pessoas próximas a nós, porque criamos muitas expectativas, idealizamos as pessoas "perfeitas"...E acredite: Elas não existem. A verdade é que pessoas são somente pessoas; por isso nos trairão, nos decepcionarão, não corresponderão às nossas expectativas. O melhor em nossas relações de amor, de amizade e profissionais é amar. Mas sem esperar...

O Problema

O que mais machuca numa traição é o fato de que, ela vem de onde menos espera- mos. Vem de pessoas próximas. Vem de onde não imagináva- mos que viesse.

A Solução

Senhor Jesus, da mesma forma que o Senhor per- doou Judas, me ajude a perdoar. Imagino Senhor a dor que sentistes ao ser traído por alguém tão próximo. Jesus, eu perdôo (falar nome da pessoa) por toda traição, por toda dor que me causou. Amém!

Uma Dica

O melhor em nossas relações de amor, de amizade e profis- sionais é amar. Mas sem esperar…

Traição: Momento e Recomeço para traído e traidor

Judas e Pedro: O primeiro trai Jesus. O segundo O nega três vezes. Os dois perturbam Jesus pelas atitudes que tomam. O versículo 21 do capítulo 13 do evangelho de São João, se refere a Judas: "Jesus ficou perturbado em seu espírito e declarou abertamente: Em verdade, em verdade vos digo: um de vós me há de trair!" O versículo 38 se refere a Pedro: "Darás a tua vida por mim!... Em verdade, em verdade te digo: não cantará o galo até que me negues três vezes". Tanto Judas como Pedro, têm a chance de recomeçar. Pedro consegue, pois se arrepende. Judas não consegue pois se condena.

A traição fere mais o traidor que o traído. O traído pode ficar perturbado no momento como Jesus ficou. Mas o traidor, se não sair de si como fez Pedro, pedir perdão, se humilhar e recomeçar, corre o risco de como Judas, perder o sentido da vida e se condenar a si próprio.

Se você foi traído, apesar de ficar perturbado, você confiou, amou, se doou, fez sua parte no relacionamento; recomece a vida. Se você traiu, peça perdão, se humilhe... E ainda que a pessoa que você traiu não te perdoe, recomece como Pedro e não se condene como Judas.

O Problema

Se o traidor, não sair de si como fez Pedro, pedir perdão, se hu- milhar e recomeçar, corre o risco de como Judas, perder o senti- do da vida e se conde- nar a si próprio.

A Solução

Senhor Jesus, abençoa (falar o nome da pessoa que o traiu). Apesar da minha dor, concede a ele

(a) a Graça de recomeçar e nunca mais agir com al- guém como agiu comigo. Amém!

Uma Dica

Se você foi traído, apesar de ficar perturbado, você confiou, amou, se doou, fez sua parte no relacionamento; recomece a vida. Se você traiu, peça perdão, se humilhe... E ainda que a pessoa que você traiu não te perdoe, recomece como Pedro e não se condene como Judas

O que fazer com pessoas ciumentas e invejosas?

“Os judeus pegaram pela segunda vez em pedras para o apedrejar. Disse-lhes Jesus: Tenho-vos mostrado muitas obras boas da parte de meu Pai. Por qual dessas obras me apedrejais?”. Estes são os versículos 31 e 32 do capítulo 10 do evangelho de São João. Imagino a dor de Jesus, por esta atitude dos judeus, de apedrejá-Lo mais uma vez, simplesmente por fazer o bem: Curar em dia de sábado e por falar que o Pai O enviou a este mundo.

Nossas vidas não diferem da vida de Jesus. O ciúme e a inveja cegam, não permitindo ao ciumento e invejoso, discernir o bem que o outro faz. Apenas sente-se agredido, sente-se frustrado por não ser aclamado e reconhecido como o outro é, tendo como única saída, atirar-lhe pedras.

O que fazer então contra os ciumentos e invejosos? Faça o mesmo que Jesus:

1- Continue sendo você! Como Jesus, não tenha medo de ser e transmitir aquilo que você é em essência.

2- Reze por estas pessoas, para que você as ame e não guarde ressentimentos e nem se torne igual ou pior.

O Problema

O ciúme e a inveja ce- gam, não permitindo ao ciumento e inve- joso, discernir o bem que o outro faz.

A Solução

Senhor Jesus, ilumine e abençoe todos aqueles que por ventura têm inveja, ciúme de mim. Que todos os desejos maus, pragas e olhares de ciúme caiam por terra, não influencian- do em nada a minha vida. Amém!

Uma Dica

Não tenha medo de pessoas ciumentas e invejosas. Seja você! E reze por elas!

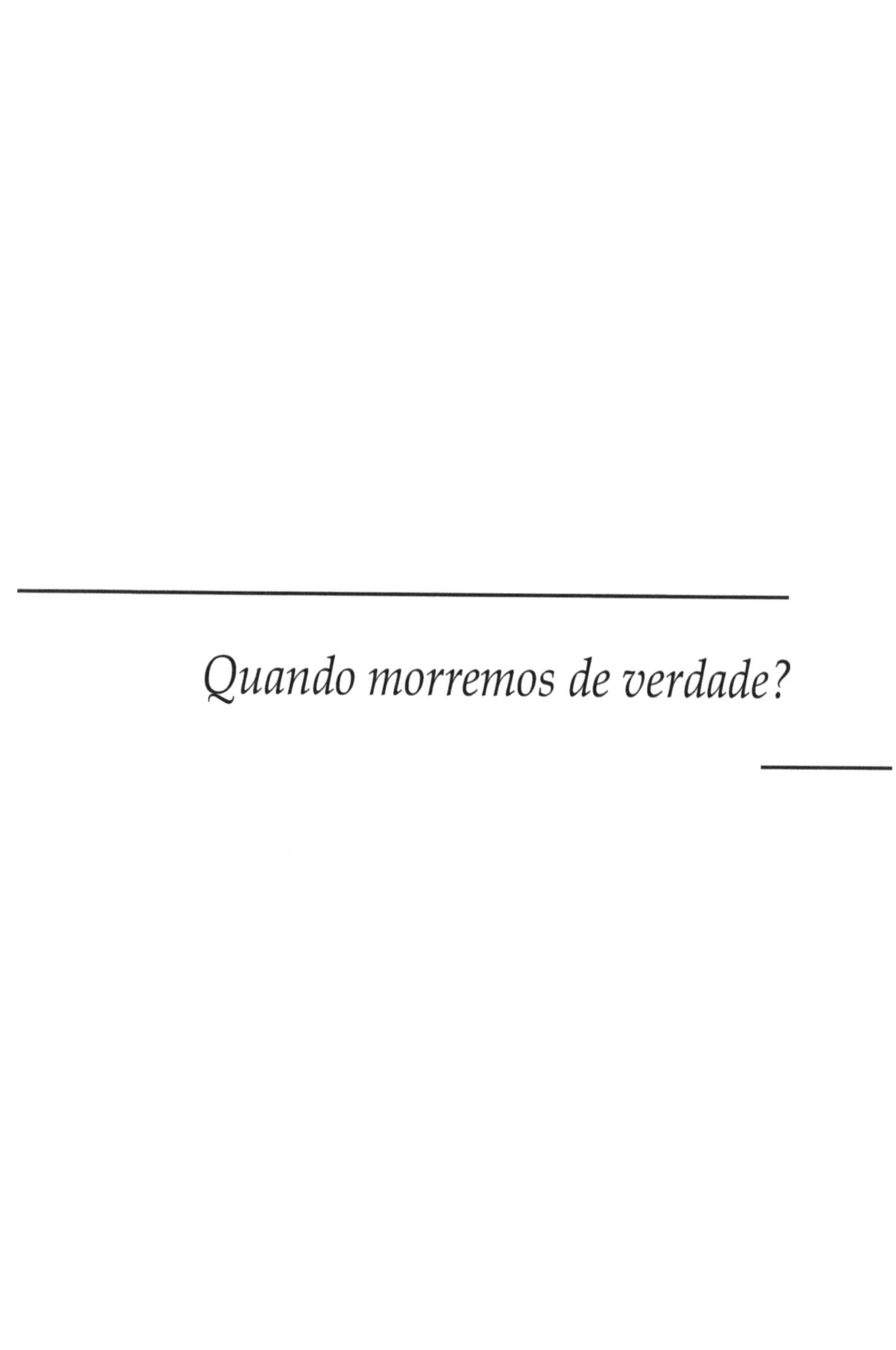

Quando morremos de verdade?

"Em verdade, em verdade vos digo: 'Se alguém guardar a minha palavra, jamais verá a morte'". É claro que aqui neste capítulo 8, versículo 51, Jesus se refere à morte espiritual. A pessoa que guarda, que vive a Palavra de Deus, não perde a alegria, a paz, o amor, a esperança...

Na verdade, morremos quando perdemos o sentido de Céu; de que esta vida é passageira e que neste mundo precisamos ser o que somos em essência: De Deus. E assim, implantar aqui neste mundo, as sementes da vida: Alegria, paz, amor, esperança...

Guardar então a palavra de Jesus, nada mais é do que agir como Ele: Semeando as sementes da vida onde quer que estejamos: Em casa, no trabalho, na escola, na igreja; fazendo neste mundo, uma antecipação do Céu.

O Problema

Morremos quando perdemos o sentido de Céu; de que esta vida é passageira e que neste mundo precisamos ser o que somos em essência: De Deus.

A Solução

Meu Deus, não permita que eu me perca na minha essência! Que eu não me distraia, não me prenda a este mundo. Sou Teu meu Deus, sou do Céu. E todo mal, tudo que aqui aconte- cer passará. Amém!

Uma Dica

Estando em casa, no trabalho, na escola, na igreja... faça neste mundo, uma antecipação do Céu.!

Prais, churracos e Festas
não são ambientes para a semana santa

A Semana Santa "É um tempo forte de oração e reflexão para os cristãos no mundo todo, com tradições diferenciadas para cada região, porém, todas com o mesmo objetivo: celebrar a Paixão, Morte e Ressurreição de Jesus. Muitos podem ser atraídos e evangelizados pelas peças teatrais e encenações da Via-Sacra; outros serão alcançados pelos sermões da Grande Semana; outros ainda poderão ter os corações tocados pelo arrependimento dos pecados e no sacramento da confissão ao se encontrarem com a própria Misericórdia".

Somos convidados a participar verdadeiramente de todas as celebrações litúrgicas da mais importante festa cristã, porque todas elas são ricas em palavras e símbolos por apresentarem o mistério de nossa salvação. Ao participarmos destas celebrações, precisamos ficar atentos às palavras pronunciadas pelos sacerdotes e a todos os rituais, porque a Igreja celebra este mistério de fé para que nós consigamos compreender o significado do mistério de nossa salvação e do infinito amor de Deus por nós, que nos salvou.

Todos os cristãos devem participar das celebrações da Semana Santa, exceto aqueles que, por algum motivo sério, estejam impossibilitados de fazer isso. E recomenda que procuremos saber os horários das celebrações em nossa cidade, para que esta Semana Maior da Igreja seja vivenciada em uma comunidade paroquial.

"Praia, churrasco, festas, compras e relaxamento não são os contextos indicados para vivenciarmos essas celebrações, que são o centro da nossa fé. A Semana Santa não pode ser para nós cristãos mais um 'feriadão'! Teremos outras tantas chances de descansar e nos divertir, o que é necessário e muito saudável. No entanto, essas práticas [praia, churrascos, festas, etc.] não combinam com a profundidade dos mistérios que são celebrados nestes dias".

É preciso estar com o coração aberto para acolher o Cristo Ressuscitado na sua vida, na sua família, no seu ambiente de trabalho e em todos os lugares que estiver, pois quem toca o nosso coração é o próprio Deus.

"A única exigência para isso é que sejamos filhos de Deus, e nós o somos pelo batismo! Entretanto, precisamos resgatar sempre essa consciência de filiação divina, para experimentamos Deus, que nos fala e nos ama, como um verdadeiro Pai".

Padre Fabrício – Portal cancaonova.com

O Problema

A Semana Santa não pode ser para nós cristãos mais um 'fe- riadão'! Teremos out- ras tantas chances de descansar e nos diver- tir, o que é necessário e muito saudável. No entanto, essas práti- cas [praia, churrascos, festas, etc.] não com- binam com a profun- didade dos mistérios que são celebrados nestes dias".

A Solução

Jesus, me perdoe pelas vezes que não valorizei Teu sofrimento, Tua dor, Tua Cruz. Me perdoa pelas tantas semanas santas que vivi com indiferença, sem valorizar Teu sacrifício de Cruz. Amém!

Uma Dica

A Semana Santa não pode ser para nós cristãos mais um 'fe riadão'

Sabe porquê você se sente Sozinho?

Jesus afirma no evangelho de São João, capítulo 8, versículo 29, que veio de Deus e que Deus não O deixou sozinho, porque Ele faz sempre o que é do agrado de Deus, ou seja: O que tem a aprovação, o consentimento de Deus: "Aquele que me enviou está comigo; ele não me deixou sozinho, porque faço sempre o que é do seu agrado".

Só não sentimos a presença de Deus, quando fazemos coisas que não O agradam, que não têm a Sua aprovação, Seu consentimento. Deus jamais se afasta do ser humano. O ser humano sim, é que se afasta de Deus quando peca, quando faz coisas que não agradam, não têm o consentimento de Deus.

Será que esse sentimento que você tem hoje de que Deus está distante, não é porque você tem vivido situações que não têm o consentimento de Deus? Como por exemplo: Falta de amor – Falta de perdoar alguém – Tristeza profunda – Ressentimentos – Vinganças – Falta de oração... Que tal fazer uma boa confissão e fazer um bom propósito de fazer as coisas que agradam a Deus?

O Problema

Não sentimos a pre- sença de Deus, quan- do fazemos coisas que não O agradam, que não têm a Sua aprovação, Seu con- sentimento. Deus ja- mais se afasta do ser humano. O ser huma- no sim, é que se afasta de Deus.

A Solução

Meu Deus, me ajuda a sen- tir a Tua presença. Retira de mim a solidão, o sen- timento de ausência Tua. Perdoa-me por me afastar de Ti e ainda Te acusar de abandono. Amém!

Uma Dica

Que tal fazer uma boa confissão e fazer um bom propósito de fazer as coisas que agradam a Deus?

A misericórdia Vence a Miséria

Certa vez apresentaram a Jesus para ser apedrejada, uma mulher que foi flagrada em adultério (A Lei exigia tal punição). Jesus questiona aquelas pessoas: "Quem de vós estiver sem pecado, seja o primeiro a lhe atirar uma pedra". As pessoas se afastam um a um. Ficam somente ali Jesus e a mulher. Ele, voltando-se para ela diz: "Nem eu te condeno. Vai e não tornes a pecar". Toda esta narrativa está no evangelho de São João, capítulo 8, versículos de 1 a 11.

O resumo de tudo isso é: A misericórdia vence a miséria. Jesus não isentou aquela mulher da sua culpa, nem nos isenta. Mas nos acolhe como a acolheu. Deu-lhe o Senhor e nos dar sempre uma chance: "Nem eu te condeno. Vai e não tornes a pecar". Não deveríamos nós também, sermos assim com os outros?

O Problema

A miséria que insiste em nos dominar.

A Solução

Senhor Jesus, obrigado por Tua misericórdia que está acima de toda miséria. Obrigado porque da mesma forma que perdoastes aquela "pecadora pública", perdoas a mim, apesar das tantas misérias que carrego. Amém!

Uma Dica

A misericórdia vence a miséria. Jesus não isentou aquela mul- her da sua culpa, nem nos isenta. Mas nos acolhe como a acolheu. Deu-lhe o Senhor e nos dar sempre uma chance: "Nem eu te condeno. Vai e não tornes a pecar". Não deveríamos nós também, sermos assim com os outros?

Como superar uma traição?

Estou tentando aprender a não confundir as pessoas com o mal que elas são capazes de praticar; e confesso que tem sido uma experiência muito dura.

A verdade – e é maravilhoso saber disso – é que elas não são aquilo que fazem, mesmo que seja um grande bem ou mal.

Maior verdade ainda é que todas as pessoas são fundamentalmente boas. Por isso, se eu continuar as confundindo com o mal ou bem que fazem, jamais serei capaz de compreender quem, de fato, elas são.

A partir daí, faço minha escolha! Escolho o que as pessoas são e não o que elas fazem!

Fonte: Ricardo Sá – Portal cancaonova.com

O Problema

Confundimos as pessoas com o mal ou bem que fazem. E agindo assim, jamais seremos capazes de compreender quem, de fato, elas são.

.

A Solução

Senhor Jesus, dá-me discernimento suficiente para separar as pessoas do que elas fazem. Me perdoe pelas vezes que exalto ou rebaixo alguém. Me ajude a entender que pessoas são pessoas e não o que elas fazem. Amém!

Uma Dica

As pessoas não são aquilo que fazem, mesmo que seja um grande bem ou mal.

Noblesse oblige. A nobreza obriga

Ouvi pela primeira vez a expressão francesa: "Noblesse oblige" "A nobreza obriga" em 1994 quando entrei para a Comunidade Canção Nova. Esta expressão é utilizada quando se pretende dizer que o fato de pertencer a uma família de prestígio ou ter uma certa posição social ou ter um nome honrado ou famoso obriga a proceder de uma forma adequada, à altura do nome que se tem.

Jesus no evangelho escrito por São João, capítulo 5, versículo 36, diante das críticas dos fariseus por fazer milagres aos sábados e por se comportar como se fosse Deus, disse-lhes: "essas mesmas obras que faço, testemunham a meu respeito que o Pai me enviou". O que Jesus fazia, testemunhava que o Pai do Céu O enviou a este mundo. Aquilo também que fazemos, que falamos, o como agimos ou reagimos precisa ser um transbordar daquilo que de fato somos em essência. E somos de Deus, viemos d'Ele.

Portanto, "Noblesse oblige". A nobreza de ser de Deus precisa nos "obrigar" a proceder de uma forma adequada, à altura do nome de filhos de Deus que temos. Daí o esforço para amar mais, perdoar mais, sorrir mais... Então fica a pergunta: A nobreza de ser de Deus te "obriga" a que neste dia?

O Problema

Esquecemos de agir de acordo com o que somos em essência: De Deus..

A Solução

Meu Deus, me ajude a honrar a minha essência. Eu sou Teu e a nobreza de ser Teu precisa me obrigar a agir como tal. Amém!

Uma Dica

"Noblesse oblige". A nobreza de ser de Deus precisa nos "obri- gar" a proceder de uma forma adequada, à altura do nome de filhos de Deus que temos. Daí o esforço para amar mais, per- doar mais, sorrir mais...

Não Sofra antes do tempo

Infelizmente, nós brasileiros somos muito emotivos, e nós nos deixamos envolver demais pelas emoções, por isso as preocupações também nos envolvem.

Preocupar-se é "pré ocupar-se" de algo, sofrer antes do tempo. O ruim é que com isso vamos perdendo a força. Podemos comparar essa situação com uma mangueira que usamos para lavar o quintal, que estando furada vai perdendo a pressão, isso porque está perdendo água no meio do caminho. Deus não quer o seu coração adoeça, Ele quer ver o seu coração saudável, bom.

É preciso concentrar as nossas forças para a hora em que precisaremos usá-las,como a cobra que se concentra e na hora certa dá o bote. É claro que você não quer ser uma serpente, mas você precisa agir como ela, usar as suas forças na hora certa.

Monsenhor Jonas Abib – Portal cancaonova.com

O Problema

Infelizmente, nós bra- sileiros somos muito emotivos, e nós nos deixamos envolver demais pelas emoções, por isso as preocu- pações também nos envolvem.

A Solução

Senhor Jesus, me ajude a não sofrer por ante- cipação. Me ajude a me ocupar das coisas e não me pré ocupar. Dá-me a Graça meu Deus de viver cada dia, confiando na Tua bondade e no Teu cuida- do. Amém!

Uma Dica

É preciso concentrar as nossas forças para a hora em que pre- cisaremos usá-las,como a cobra que se concentra e na hora certa dá o bote. E não nos desgastarmos com preocupações.

O que fazer quando
se está "cercado" de impossíveis?

sabido por todos que Maria foi visitada por um Anjo, que lhe anunciou ser ela escolhida para dar a luz o Filho de Deus. O detalhe é que Maria era virgem e não tivera relações sexuais com homem algum. Espantada com tal informação, "Maria perguntou ao anjo: Como se fará isso, pois não conheço homem? Respondeu-lhe o anjo: O Espírito Santo descerá sobre ti, e a força do Altíssimo te envolverá com a sua sombra. Por isso o ente santo que nascer de ti será chamado Filho de Deus". Esta narrativa acontece no evangelho de São Lucas, capítulo 1, versículos de 26 a38.

O questionamento de Maria não é diferente dos nossos. Ela estava, como cada ser humano em algum momento estará: Diante de um impossível. Maria não duvida, apenas pergunta como qualquer pessoa perguntaria: "Como se fará isso?" E recebe com clareza a resposta do Anjo: "O Espírito Santo descerá sobre ti, e a força do Altíssimo te envolverá com a sua sombra". E toda conversa de Maria com o Anjo encerra com ela dizendo: "Eis aqui a serva do Senhor. Faça-se em mim segundo a tua palavra". Aqui foi dado por Maria ao Espírito Santo, o consentimento para que Ele realizasse o impossível: Uma mulher engravidar sem ter relação sexual.

Diante dos nossos "Como se fará isso?", precisamos dar consentimento ao Espírito Santo para que Ele aja e realize o que aos nossos olhos é impossível, assim como Ele fez em Maria. Tenho feito todos os dias uma oração e a ensino em meu livro A AJUDA QUE VEM DO ALTO: Espírito Santo, faz o que eu não posso fazer. Vai onde eu não posso ir. Cuida das coisas e de quem eu não posso cuidar! Permita-se ver milagres, consentido ao Espírito Santo que Ele envolva seu impossível!

O Problema

Constantemente so- mos cercados por impossíveis.

A Solução

Meu Deus, coloco diante de Ti meu impossível (falar a situação). Derra- ma sobre ele o Teu Espíri- to Santo. Sim, vem Espíri- to Santo, faz o que eu não posso fazer. Vai onde eu não posso ir. Cuida das coisas e de quem eu não posso cuidar! Amém!

Uma Dica

Diante dos nossos "Como se fará isso?", precisamos dar con- sentimento ao Espírito Santo para que Ele aja e realize o que aos nossos olhos é impossível.

O que faço,
corresponde a quem estou ligado

Jesus usava uma lógica muito simples. Se comparava a uma videira. E aqueles que o seguiam comparava a ramos de videira, que jamais poderiam dar frutos, sem estarem ligados: "O ramo não pode dar fruto por si mesmo, se não permanecer na videira. Assim também vós: não podeis tampouco dar fruto, se não permanecerdes em mim. Eu sou a videira; vós, os ramos. Quem permanecer em mim e eu nele, esse dá muito fruto".

Aquilo que produzimos deriva de onde estamos ligados. Há pessoas fortemente ligadas ao passado: Foram traídas, enganadas e o fruto que produzem hoje é um fruto de medo, de desconfiança, de julgamento, justamente porque não estando ligadas a Jesus que passou por tudo isso, não sabem como superar e dar a volta por cima... Há pessoas em cargos de autoridade, como muitos candidatos em eleições e políticos já eleitos, ligados à ganância, à sede de poder, buscando interesses e favorecimentos pessoais, porque não estão ligados a Jesus, por isso não têm compaixão do povo, não estão dispostos a "morrer pelo povo como Jesus".

Não aceite viver uma vida infrutífera ou que produza frutos que não correspondem ao Reino de Deus. Note bem: "O ramo não pode dar fruto por si mesmo, se não permanecer na videira. Assim também vós: não podeis tampouco dar fruto, se não permanecerdes em mim. Eu sou a videira; vós, os ramos". Ainda que hoje você esteja cheio de motivos para explodir, falar uma "verdades", desejoso de justiça por algo que houve, fale antes com Jesus; para que de você só saiam frutos que vêem do Céu.

O Problema

Há pessoas fortemente ligadas ao passado: Foram traídas, enga- nadas e o fruto que produzem hoje é um fruto de medo, de desconfiança, de jul- gamento, justamente porque não estando ligadas a Jesus..

A Solução

Senhor, Tu és a videira, eu sou ramo Teu. Con- fesso que ainda me ligo a sofrimentos e dores. Es- queço-me de me ligar a Ti, por isso que muitas vezes caiu e desanimo. Senhor, una-me a voz, para que eu possa produzir frutos e frutos que permanecem. Amém!

Uma Dica

Não aceite viver uma vida infrutífera ou que produza frutos que não correspondem ao Reino de Deus. Note bem: "O ramo não pode dar fruto por si mesmo, se não permanecer na vi- deira. Assim também vós: não podeis tampouco dar fruto, se não permanecerdes em mim. Eu sou a videira; vós, os ramos".

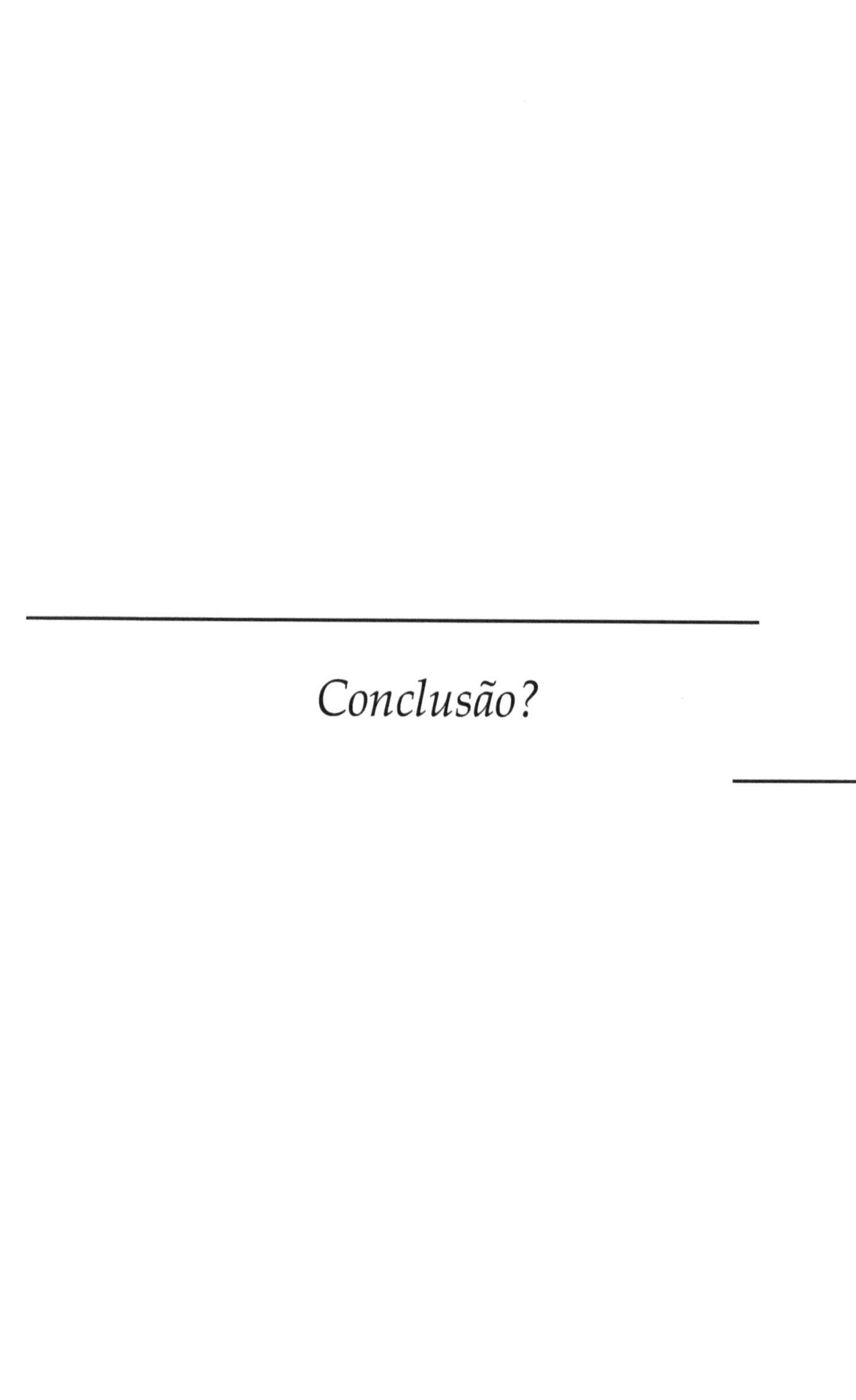

Conclusão?

Bom, o livro não termina. Não tem conclusão. Pois sempre teremos perguntas e Deus sempre tem uma resposta adequada ao momento que vivemos. No evangelho de São João, capítulo 15, versículo 16, Jesus afirma: "O que, então, pedirdes ao Pai em meu nome, ele vo-lo concederá". Diante disso, não há mal algum em pedir a Deus tudo que está nosso coração. E se você não receber exatamente o que pedir, Deus mesmo dará a você uma resposta adequada. Veja, tal resposta será adequada a tal ponto, que ainda que não seja a que você queria ou gostaria, você ficará em paz.

Continue perguntando, continue apresentando seus problemas. Deus continua respondendo, dando a solução...

Printed by Books on Demand GmbH, Norderstedt / Germany